OCIATION NATIONALE FRANÇAISE
POUR LA
ÉCTION LÉGALE DES TRAVAILLEURS

RAPPORT

SUR LE

TRAVAIL DE NUIT DES ENFANTS

DANS LES

USINES A FEU CONTINU

PAR

F. FAGNOT
ENQUÊTEUR A L'OFFICE DU TRAVAIL

PARIS

FÉLIX ALCAN, ÉDITEUR
LIBRAIRIES FÉLIX ALCAN & GUILLAUMIN réunies
BOULEVARD SAINT-GERMAIN, 108

Librairie de la Société du Recueil J.-B. Sirey
et du Journal du Palais
Ancⁿᵉ Mⁿ L. Larose et Forcel
22, RUE SOUFFLOT, PARIS, V°
L. LAROSE & L. TENIN, Directˢ

1908

COMITÉ DIRECTEUR DE L'ASSOCIATION

Paul **CAUWÈS**, professeur à la Faculté de Droit de l'Université de Paris, **président honoraire de l'Association.**

A. **MILLERAND**, député, ancien ministre du Commerce, **président.**

Ed. **BRIAT**, secrétaire général du Syndicat des ouvriers en instruments de précision, membre du Conseil supérieur du travail et de la Commission supérieure du travail dans l'industrie, **vice-président.**

A. **LIÉBAUT**, ingénieur, membre du Comité consultatif des arts et manufactures et de la Commission supérieure du travail dans l'industrie, **vice-président.**

Raoul **JAY**, professeur à la Faculté de Droit de l'Université de Paris, membre du Conseil supérieur du travail, **secrétaire général.**

Léon de **SEILHAC**, publiciste, délégué permanent du service industriel et ouvrier du *Musée social*, **trésorier.**

Georges **ALFASSA**, ingénieur civil, E. C. P.

Louis **BARTHOU**, député, ministre des Travaux publics.

Adéodat **BOISSARD**, professeur à la Faculté libre de Droit de Paris.

François **FAGNOT**, enquêteur à l'*Office du travail.*

Arthur **FONTAINE**, directeur du Travail au Ministère du Travail et de la Prévoyance sociale.

Arthur **GROUSSIER**, député.

Auguste **KEUFER**, délégué permanent de la Fédération française du Livre.

Abbé **LEMIRE**, député.

André **LICHTENBERGER**, directeur-adjoint du *Musée social.*

Henri **LORIN**, ancien élève de l'Ecole Polytechnique, membre du Comité de perfectionnement du Collège libre des Sciences sociales.

Etienne **MARTIN-SAINT-LÉON**, bibliothécaire du *Musée social.*

Comte A. de **MUN**, député.

C. **PERREAU**, ancien député, professeur à la Faculté de Droit de l'Université de Paris.

Eug. **PETIT**, docteur en Droit, ancien chef du cabinet du Ministre du Commerce.

Paul **PIC**, professeur à la Faculté de Droit de l'Université de Lyon.

Ivan **STROHL**, industriel.

Edouard **VAILLANT**, député.

Richard **WADDINGTON**, sénateur.

SIÈGE SOCIAL : **5, rue Las-Cases, PARIS**

COMITÉ DIRECTEUR DE L'ASSOCIATION

Paul CAUWÈS, professeur à la Faculté de Droit de l'Université de Paris, **président honoraire de l'Association.**

A. MILLERAND, député, ancien ministre du Commerce, **président.**

Ed. BRIAT, secrétaire général du Syndicat des ouvriers en instruments de précision, membre du Conseil supérieur du travail et de la Commission supérieure du travail dans l'Industrie, **vice-président.**

A. LIÉBAUT, ingénieur, membre du Comité consultatif des arts et manufactures et de la Commission supérieure du travail dans l'industrie, **vice-président.**

Raoul JAY, professeur à la Faculté de Droit de l'Université de Paris, membre du Conseil supérieur du travail, **secrétaire général.**

Léon de SEILHAC, publiciste, délégué permanent du service industriel et ouvrier du *Musée social*, **trésorier.**

Georges ALFASSA, ingénieur civil, E. C. P.

Louis BARTHOU, député, ministre des Travaux publics.

Adéodat BOISSARD, professeur à la Faculté libre de Droit de Paris.

François FAGNOT, enquêteur à l'*Office du travail.*

Arthur FONTAINE, directeur du Travail au Ministère du Travail et de la Prévoyance sociale.

Arthur GROUSSIER, député.

Auguste KEUFER, délégué permanent de la Fédération française du Livre.

Abbé LEMIRE, député.

André LICHTENBERGER, directeur-adjoint du *Musée social.*

Henri LORIN, ancien élève de l'Ecole Polytechnique, membre du Comité de perfectionnement du Collège libre des Sciences sociales.

Etienne MARTIN-SAINT-LÉON, bibliothécaire du *Musée social.*

Comte A. de MUN, député.

C. PERREAU, ancien député, professeur à la Faculté de Droit de l'Université de Paris.

Eug. PETIT, docteur en Droit, ancien chef du cabinet du Ministre du Commerce.

Paul PIC, professeur à la Faculté de Droit de l'Université de Lyon.

Ivan STROHL, industriel.

Edouard VAILLANT, député.

Richard WADDINGTON, sénateur.

SIÈGE SOCIAL : **5, rue Las-Cases, PARIS**

ASSOCIATION NATIONALE FRANÇAISE
POUR LA
PROTECTION LÉGALE DES TRAVAILLEURS

RAPPORT

SUR LE

TRAVAIL DE NUIT DES ENFANTS

DANS LES

USINES A FEU CONTINU

PAR

F. FAGNOT
ENQUÊTEUR A L'OFFICE DU TRAVAIL

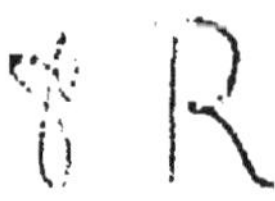

PARIS

FÉLIX ALCAN, ÉDITEUR
LIBRAIRIES FÉLIX ALCAN & GUILLAUMIN réunies
BOULEVARD SAINT-GERMAIN, 108

Librairie de la Société du Recueil J.-B. SIREY
et du Journal du Palais
Ancne Mon L. Larose et Forcel
22, RUE SOUFFLOT, PARIS, Ve
L. LAROSE & L. TENIN, Directrs

1908

RAPPORT

SUR LE

TRAVAIL DE NUIT DES ENFANTS

DANS LES

USINES A FEU CONTINU

MESSIEURS,

Conformément à la résolution adoptée à Genève, en 1906, par l'Association internationale pour la protection légale des travailleurs, nous avons l'honneur de vous soumettre, au nom de la Section française, le présent rapport sur le travail de nuit des enfants de moins de 18 ans dans les usines à feu continu.

La question du travail de nuit des enfants a été solutionnée, en principe, pour l'ensemble de l'industrie et du commerce, à l'exception des usines à feu continu, par l'assemblée générale de Genève qui s'est prononcée pour l'interdiction complète de ce travail, laissant à une commission spéciale le soin de rechercher les voies et moyens propres à réaliser la réforme dans toute l'Europe (1). Cette résolution était le fruit de plusieurs années d'études et de discussions prépa-

(1) *Bulletin de l'Office du travail*, nov. 1906, p. 1142.

ratoires auxquelles la Section française a participé, notamment par le rapport présenté à Genève par M. Martin-Saint-Léon, rapport qui contient déjà, sur le travail de nuit des enfants dans les usines à feu continu, des renseignements nombreux, des observations précieuses et aussi des conclusions (1).

Dans le rapport actuel, complément du précédent, après avoir rappelé la législation sur le point spécial qui nous occupe et indiqué le personnel employé dans les usines à feu continu, nous ferons connaître les résultats de notre enquête, puis nous soumettrons, au nom de la Section française, de nouvelles conclusions basées sur cette enquête.

Le régime légal actuel

Par dérogation à l'article 4 de la loi du 2 novembre 1892, portant interdiction du travail de nuit, l'article 6 de ladite loi autorise ce travail dans les usines à feu continu.

ART. 6. — Néanmoins, dans les usines à feu continu, les femmes majeures et les *enfants du sexe masculin* peuvent être employés tous les jours de la semaine, la nuit, aux travaux indispensables, sous la condition qu'ils auront au moins un jour de repos par semaine.

Les travaux tolérés et le laps de temps pendant lequel ils peuvent être exécutés seront déterminés par un règlement d'administration publique.

Les dispositions réglementaires prévues par le texte précédent font l'objet de l'article 4 du décret du

(1) *Le Travail de nuit des adolescents dans l'industrie française*, par Et. Martin-Saint-Léon. — Paris, Alcan. — 0 fr. 60.

15 juillet 1893 (1). Le texte complet de cet article se trouvant dans le rapport de M. Martin-Saint-Léon (p. 17), nous n'en reproduisons que les dispositions essentielles :

ART. 4. — Dans les usines à feu continu où des femmes majeures et des enfants du sexe masculin sont employés la nuit, les travaux tolérés pour ces deux catégories de travailleurs sont les suivants :

(Du tableau qui suit, nous extrayons seulement la liste des industries dont les usines sont considérées comme étant à feu continu.)

Distillerie de betteraves ;
Fer et fonte émaillés (fabriques d'objets en) ;
Huiles (usines pour l'extraction des) ;
Papeteries ;
Sucres (fabriques et raffineries de) ;
Usines métallurgiques ;
Verreries.

Lorsque les femmes majeures et les enfants sont employés toute la nuit, leur travail doit être coupé par des intervalles de repos représentant un temps total de repos au moins égal à deux heures.

La durée du travail effectif ne peut d'ailleurs dépasser, dans les vingt-quatre heures, dix heures pour les femmes et les enfants.

Telles sont, pour les usines à feu continu, les prescriptions légales et réglementaires. Pour poser le problème, il faut, en outre, indiquer le nombre des diverses catégories de travailleurs occupés dans chacun des sept groupes d'usines à feu continu pendant

(1) En ce qui concerne les verreries, les travaux autorisés sont, en outre, réglementés par l'article 7 du décret du 13 mai 1893.

l'année 1906. Les chiffres du tableau ci-contre sont extraits du dernier rapport annuel du service de l'inspection du travail (1).

Les 1,777 usines à feu continu des sept groupes d'industries emploient donc 253,700 ouvriers, dont 128,790 exclusivement pendant le jour et 124,900 alternativement de jour et de nuit. Parmi ces derniers, il y a 11,162 enfants de moins de 18 ans, soit moins de 9 0/0.

Peut-on interdire le travail de nuit auquel ces 11,000 enfants sont encore astreints? Telle est la question qui nous est soumise.

On reconnaîtra volontiers, à la lecture du tableau, que le nombre des jeunes gens qui travaillent, la nuit, dans les usines des trois premiers groupes est vraiment insignifiant (383 sur un total de 8,720 ouvriers) et que, par suite, nous pouvons, avec M. Martin-Saint-Léon, proposer, sans autre examen, la suppression pure et simple du travail de nuit des enfants dans ces industries.

D'accord avec notre collègue, la même solution nous paraît possible, pour le même motif, dans les fabriques et raffineries de sucre. Sur 35,883 personnes occupées la nuit, on ne compte que 507 jeunes gens, soit 1,4 0/0. C'est fort peu exiger des industriels intéressés que de faire passer ces 500 enfants du travail alternatif de jour et de nuit au travail de jour exclusivement. La loi ne fera, sur ce point, que généraliser l'usage de plusieurs raffineries qui, dès à présent, n'occupent plus d'enfants la nuit.

---

(1) Rapports sur l'application des lois réglementant le travail en 1906, p. 476.

Statistique du personnel occupé dans les Usines à feu continu

INDUSTRIES	NOMBRE d'établissements	PERSONNEL EMPLOYÉ EXCLUSIVEMENT DE JOUR			PERSONNEL EMPLOYÉ DE JOUR ET DE NUIT		
		Enfants de moins de 18 ans	Filles de plus de 18 ans et femmes	Hommes adultes	Enfants du sexe masculin	Femmes	Hommes
Distilleries de betteraves..........	190	317	202	1.578	79	36	3.582
Fers et fontes émaillés (fabriques d'objets en)...................	39	866	964	3.455	174	»	539
Huiles (usines pour l'extraction des).	381	163	1.052	3.380	130	»	4.180
Sucres (fabriques et raffineries de)..	404	2.604	3.965	12.840	507	22	35.353
Papeteries........................	377	2.479	8.261	12.091	858	41	10.414
Usines métallurgiques............	231	5.421	1.075	51.349	3.589	»	43.783
Verreries.........................	155	4.416	2.368	9.946	5.825	148	15.679
Totaux.............	1.777	16.266	17.887	94.639	11.162	247	113.530

La suppression du travail de nuit des enfants est-elle possible dans les industries des trois autres groupes : papeteries, usines métallurgiques et verreries ?

M. Martin-Saint-Léon ne le croyait pas, il y a deux ans, et, dans son rapport, il propose que le travail de nuit soit autorisé pour les jeunes gens à partir de l'âge de 15 ans et non plus, comme actuellement, dès l'âge de 13 ans et même de 12 ans pour ceux qui sont munis du certificat d'études primaires et du certificat d'aptitude physique.

Notre excellent collègue, il est vrai, comptait davantage sur la loi française pour réaliser sa proposition que sur un traité international qui la rendrait applicable à tous les Etats concurrents.

Quoi qu'il en soit, cette solution intermédiaire doit-elle être soutenue, bon gré mal gré, par la Section française devant l'Association internationale ou bien, au contraire, peut-on proposer la suppression radicale, si éminemment désirable, de tout travail de nuit des enfants de moins de 18 ans, même dans ces trois groupes d'industries et spécialement dans les usines métallurgiques et les verreries où ce mode de travail est encore largement pratiqué ? Pour se prononcer en connaissance de cause, une enquête était nécessaire et ce sont ses résultats que nous allons faire connaître.

RÉSULTATS DE L'ENQUÊTE

Notre enquête a essentiellement porté sur la région du Nord, centre principal des usines métallurgiques et des verreries. Nous avons vu, en outre, une verrerie dans le Centre et une dans le Midi et, pour la papeterie, le plus grand établissement existant.

Après avoir recueilli les avis des syndicats ouvriers, nous avons consulté les principaux industriels dans leurs usines mêmes. Comme ils ont eu l'obligeance de nous les faire visiter, en compagnie de leurs ingénieurs, nous avons pu poser les questions, recueillir leurs réponses et les discuter avec eux sur le terrain, c'est-à-dire en présence des puissants appareils mécaniques et au milieu des ouvriers en pleine activité.

Pour organiser et faire cette enquête, l'inspection du travail nous a donné le concours le plus utile. Les inspecteurs ont bien voulu nous accompagner dans les usines, prenant part aux discussions, éclairant chaque détail technique par des comparaisons ou des exemples appropriés, critiquant avec sagacité les avis exprimés comme les diverses propositions que nous avons soumises. Si cette enquête peut faciliter la solution du problème, les inspecteurs du travail y auront contribué pour une bonne part et nous les en remercions vivement (1).

---

(1) Nos remerciements s'adressent tout spécialement à M. Boulin, inspecteur divisionnaire à Lille, le chef très distingué de l'inspection du travail dans la région du Nord, et à ses collaborateurs, MM. Lévêque, Robert et Roth, inspecteurs départementaux à Douai, Valenciennes et Maubeuge.

Usines métallurgiques

D'après le tableau précédent, les 231 usines métallurgiques emploient 105,217 ouvriers, dont 57,845 exclusivement le jour et 47,372 alternativement de jour et de nuit. Ce dernier chiffre se décompose en 43,783 hommes adultes et 3,589 enfants âgés de moins de 18 ans ; la main-d'œuvre infantile, la seule dont nous ayons à nous occuper, représente donc 7 1/2 % seulement du personnel de nuit.

La plupart des jeunes gens sont employés aux trains de laminoirs. Le travail y est organisé à deux postes, faisant dix heures chacun, soit vingt heures sur vingt-quatre. Entre chaque poste, il y a deux heures d'arrêt. Pour le laminage des grosses barres, les équipes ne comprennent généralement que des adultes. Au laminage des barres moyennes, il n'y a que quelques jeunes gens dans les équipes. C'est au laminage des petites barres que les équipes ne comprennent que des enfants, sous la direction d'un chef lamineur et d'un second.

Avis des Syndicats ouvriers

Nous avons consulté, séparément, les secrétaires des deux principaux syndicats d'ouvriers métallurgistes de la région : M. Hénin, ancien lamineur, secrétaire du Syndicat d'Anzin, et M. Maillard, ancien lamineur, secrétaire du Syndicat de Maubeuge.

Sans avoir pu s'entendre au préalable, les deux secrétaires ont exprimé les mêmes plaintes et formulé les mêmes avis. L'un et l'autre signalent les inconvénients et les dangers du travail de nuit, au point de vue physique et au point de vue moral. Ils font ressortir que le travail nocturne cause une augmentation des frais de nourriture, non seulement pour l'ouvrier, mais aussi pour sa famille. Ils insistent sur le nombre considérable d'accidents qui résultent du travail de nuit et portent davantage sur les enfants, notamment pour les accidents peu graves : brûlures, foulures, luxations, etc.

Ils affirment que le travail de nuit peut, sans aucun inconvénient, être supprimé pour les enfants aux fours de fabrication de l'acier (fours Martin-Siemens) (1) et aux fours à réchauffer le métal où, n'accomplissant que des travaux accessoires, ils peuvent être, la nuit, remplacés par des manœuvres. Aux marteaux-pilons, on peut également les remplacer, la nuit, soit par des pilonniers ayant au moins 18 ans, soit par des ouvriers ordinaires.

Il n'y a que dans les laminoirs où la présence des enfants, la nuit, peut s'expliquer, non pour assurer le service de tous les trains, mais seulement pour assurer celui des petits trains, c'est-à-dire de ceux qui laminent les petites barres ou petits fers. Même pour ces petits trains, les deux secrétaires déclarent que les industriels pourraient, avec de légers sacrifices, se passer des enfants la nuit. Le train de laminoir ne fait pas, nécessairement, cycle continu avec les fours de fabrication des métaux. Le cycle n'est continu qu'avec le four à réchauffer le métal. Or, la

(1) Les jeunes gens ne sont pas occupés à l'autre appareil de fabrication de l'acier (le convertisseur Bessemer) en raison du danger des opérations, ni au four à puddler, par suite de la force qu'exige le travail ; dans les hauts-fourneaux, on ne trouve plus que quelques rares enfants au sommet de l'appareil (au *gueulard*) où ils ne paraissent pas indispensables.

dépense de ce dernier est relativement minime. D'ailleurs, il arrive assez souvent que les trains de laminoirs ne marchent que sur un poste, soit dix heures sur vingt-quatre. Chaque train étant autonome, il arrive aussi, dans une même usine, que des trains sont arrêtés, soit le jour, soit la nuit, pendant que les autres fonctionnent. Dès lors, on pourrait, avec de la bonne volonté et une légère augmentation des frais, supprimer le travail de nuit pour les jeunes lamineurs. Diverses combinaisons seraient possibles : couvrir le feu du four à réchauffer et arrêter les petits trains, ou prendre des jeunes gens de 18 ans au moins pour le poste de nuit ou encore organiser le travail à trois postes de huit heures chacun et mettre des enfants sur deux postes et, sur le troisième, des ouvriers ayant au moins 18 ans. Dans toutes les usines, le personnel est assez nombreux pour que l'une de ces combinaisons soit possible, sans nuire à la marche normale des laminoirs ni diminuer sensiblement leur production.

La réforme proposée est bien modeste aux yeux des deux secrétaires. Ils reconnaissent pourtant qu'elle adoucirait un peu la vie si dure des enfants de la métallurgie.

Avis et objections des industriels (1)

Société anonyme d'Escaut et Meuse, à Anzin. — Cet établissement métallurgique occupe 2,200 ouvriers,

(1) MM. les industriels ayant bien voulu nous autoriser à les désigner nommément dans ce compte rendu, il va sans dire que nous leur avons soumis notre texte avant l'impression. Ce texte a donc été revu, corrigé et quelquefois modifié par chacun des industriels que nous avons consultés.

dont 130 enfants. Comme conclusion d'un long entretien au cours duquel la question a été examinée sous ses divers aspects, les directeur et ingénieurs de ce grand établissement nous ont déclaré qu'ils comprenaient parfaitement que l'on veuille interdire le travail de nuit des enfants partout où la chose n'est pas techniquement impossible. Pour leur part, ils s'efforcent déjà spontanément de le limiter au strict nécessaire et ils sont tout disposés à faire en ce sens de nouveaux efforts.

Etant donné qu'il s'agit de résoudre la question par une loi applicable dans tous les Etats industriels, ils croient que, en leur donnant le temps de modifier l'organisation des équipes, le travail de nuit des enfants pourrait être réduit et peut être supprimé dans leur usine, sauf au laminage des tubes soudés par rapprochement (tubes pour conduites de gaz et d'eau). Ce laminoir, qui occupe 20 enfants, est une véritable école d'apprentissage pour le laminage des tubes soudés à recouvrement (tubes pour conduites de vapeur, chaudières multitubulaires, etc.) La bonne fabrication de ces derniers et principalement celle des tubes à ailerons pour chaudières de locomotives, d'une grande difficulté technique, doit être facilitée par l'Etat, car jusqu'ici l'Allemagne, l'Angleterre et les Etats-Unis ont dû commander les tubes à ailerons en France.

Le laminoir pour tubes à gaz ne fonctionne que pendant le jour en ce moment, ajoute le directeur, mais le fait est exceptionnel et provient d'une diminution momentanée des commandes.

L'interdiction absolue du travail de nuit des enfants compromettrait réellement l'apprentissage des lamineurs de choix. On ne pourrait guère, en effet, organiser les trains pour tubes à gaz de telle sorte qu'ils soient servis le jour par des enfants et la nuit par des hommes. La loi proposée devrait donc prévoir des exceptions si l'on veut assurer le recrutement et la formation des ouvriers lamineurs appelés à exécuter les travaux spéciaux et particulièrement difficiles.

Société anonyme des forges et aciéries du Nord et de l'Est. — Siège à Valenciennes, usines à Trith-Saint-Léger. — Sur un personnel de 2,200 ouvriers, il y a 300 enfants de moins de 18 ans. 110 enfants sont occupés alternativement de jour et de nuit, dont 90 aux trains de laminoirs.

Les directeurs de cet important établissement estiment que la suppression du travail de nuit, pour les jeunes gens, leur causerait de grosses difficultés. Ces difficultés seraient, d'ailleurs, plus grandes au point de vue du recrutement et de la formation des ouvriers qu'au point de vue technique.

On pourrait peut-être, à la rigueur, remplacer les enfants, la nuit, aux marteaux-pilons et aux aciéries, où ils sont peu nombreux. Il paraît d'autant moins possible de les remplacer aux laminoirs que les trains où ils sont occupés ne conviennent qu'à eux et qu'il serait impossible d'imaginer un roulement, car, la semaine après, les enfants devraient encore être remplacés par d'autres éléments. Ces éléments remplaçants seraient donc toujours de nuit, ce qui ne pourrait se faire sans désorganiser absolument la vie de famille.

Il y a actuellement, aux laminoirs, deux postes de douze heures de présence chacun, mais ils ne donnent pas plus de neuf heures de travail effectif, soit dix-huit heures de travail sur vingt-quatre. En ramenant les postes à huit heures de présence, ils ne donneraient pas plus de six heures de travail effectif, soit dix-huit heures sur vingt-quatre, d'où une augmentation énorme du prix de revient pour une production égale. D'autre part, si l'on organise le travail à trois postes de huit heures (deux postes de jour pour les enfants et un poste de nuit pour les adultes), il en résultera ce fait très regrettable : les membres d'une même famille ne travailleront plus aux mêmes heures, et, par suite, les repos et les repas ne seront pas simultanés, et la surveillance des jeunes gens par leurs parents ne pourra plus s'exercer facilement.

En admettant que les laminoirs puissent fonctionner la nuit sans le concours des enfants, il est certain que la mesure porterait tort à l'apprentissage et gênerait le recrutement du personnel, recrutement qui, dès maintenant, est très difficile dans la région. Outre ces inconvénients, il faut considérer qu'on fait faire aux « gamins » des besognes qui ne peuvent se faire que par des « gamins » ; ce sont des besognes légères ne causant pas de fatigue, mais demandant de la rapidité, de l'agilité et de l'adresse ; enfin, les enfants travaillent sous le commandement des adultes qui, par amour-propre, ne consentiraient pas, de bonne grâce, à faire le travail des enfants.

Les objections faites par les ingénieurs de la Société du Nord et de l'Est sont assez fortes, et nous reconnaissons parfaitement que la réforme leur causerait des difficultés de divers ordres et augmenterait le prix des produits.

***

Nous comptions recueillir l'avis de l'une des plus grandes Sociétés métallurgiques du Nord de la France. En l'absence du directeur de celle des usines où nous nous sommes présenté, l'ingénieur du service des laminoirs, qui nous a reçu, ne s'est pas cru autorisé à parler au nom de la Société. Nous voulons cependant faire connaître l'avis de cet ingénieur, en raison de sa compétence technique et surtout parce qu'il s'est nettement prononcé contre la mesure proposée.

En voyant les laminoirs qui fonctionnent en ce moment, nous dit-il, vous reconnaîtrez vous-même que la présence des enfants est aussi indispensable la nuit que le jour.

Nous avons vu les laminoirs ; nous reconnaissons que, sur les petits trains, les opérations conviennent mieux à des enfants, soit pour emmener la barre laminée sur le refroidissoir, soit même pour faire sur les trains passer la barre d'un profil à l'autre. Nous croyons cependant que, pour exécuter cette dernière opération, des jeunes gens de 10 ans et plus s'en acquitteraient très bien et que des manœuvres pourraient, au transport des barres, remplacer les enfants la nuit. En dehors des roulements à établir, nous ne voyons qu'une augmentation de salaire comme conséquence de la substitution des adultes aux enfants sur le poste de nuit.

Notons d'ailleurs qu'au cours d'un entretien avec l'inspecteur du travail, le directeur de la même usine, que nous n'avons pas rencontré lors de notre visite, avait admis que, à la rigueur, on pourrait reculer jusqu'à 16 ans l'âge d'admission des jeunes gens au travail de nuit.

***

Enfin, nous avons tenu à consulter le chef de l'établissement qui produit surtout des petites barres ou petits fers et dans l'atelier de laminoirs duquel les enfants sont, par suite, plus nombreux que dans tout autre de la région. L'usine, située non loin de la frontière belge, compte 1,100 ouvriers dont près de 100 enfants. Sur cinq trains de laminoirs, quatre sont affectés aux petits fers.

Nous avons minutieusement examiné la question avec le directeur-gérant de l'établissement, c'est-à-dire avec un homme qui est à la fois responsable, devant sa compagnie, des résultats financiers et de la marche technique de l'usine.

La réforme n'est pas impossible, nous a déclaré le directeur, du moment qu'elle doit être réalisée par une loi applicable dans tous les Etats industriels et que, par suite, elle ne faussera pas les conditions de la concurrence entre les usines des divers pays.

Il en résultera sûrement une augmentation du prix de revient des fers et aciers laminés, augmentation que le consommateur devra payer. Si les gouvernements des divers pays estiment que la réforme doit s'accomplir malgré la hausse de prix qu'elle entraînera, nous n'avons pas, nous industriels, de raisons majeures pour nous y opposer.

Le travail des enfants étant indispensable, il nous paraît possible, à première vue, d'assurer la marche des petits trains ou trains occupant les enfants par une organisation comportant seize heures de travail divisées en deux postes de huit heures et un arrêt de huit heures sur vingt-quatre pendant lequel le feu du four à réchauffer serait couvert ; dans ce régime, l'apprentissage n'en souffrirait pas.

S'il fallait appliquer la mesure dans mon usine,

poursuit le directeur, je demanderais d'abord le temps nécessaire pour trouver l'organisation la moins onéreuse pour nous et la plus commode pour le personnel. Tout ce que je puis dire, en ce moment, c'est que, le prix de revient n'étant pas en cause, la réforme ne me paraît pas impossible à réaliser avec du temps, de l'argent et de la bonne volonté.

En demandant l'autorisation de publier ses déclarations importantes sous le nom de la Société qu'il administre, nous avons dit à M. X... qu'aucun de ses collègues n'avait émis un avis aussi favorable à la mesure proposée. M. X..., qui occupe une grande situation industrielle dans la région, ayant exprimé le désir de conserver l'anonymat, nous ne pouvions que lui donner satisfaction, tout en regrettant beaucoup sa décision à cet égard (1).

Avant d'aborder notre enquête dans les verreries, nous tenons à dire que les déclarations de M. X... ont fait cesser nos hésitations et nous ont définitivement convaincu qu'il était possible, techniquement et économiquement, de proposer la suppression du travail de nuit des enfants de moins de 18 ans dans les usines métallurgiques, y compris les laminoirs.

---

(1) Il est peut-être utile de noter, pour éviter toute méprise, que M. X... ne joue aucun rôle politique ; il s'occupe exclusivement de la direction de son établissement.

Comme ses collègues, M. X... a revu et corrigé le résumé de notre entretien.

Les Verreries

Avec les verreries, nous abordons le groupe d'usines à feu continu qui emploient le plus grand nombre d'enfants la nuit, où la proportion du nombre des enfants par rapport au nombre des adultes est la plus forte, où le travail des enfants est plus intimement lié à celui des adultes, où, en un mot, la mesure proposée rencontrera les plus grands obstacles.

D'après le tableau de la page 7, nos 155 verreries emploient 38,382 ouvriers dont 16,730 le jour et 21,652 alternativement de jour et de nuit. Sur ces derniers, on compte 15,679 hommes, 148 femmes (1) et 5,825 enfants. La proportion de ceux-ci est donc de 26,93 %, soit un peu plus du quart du personnel travaillant la nuit.

Les verreries se décomposent, d'après les produits fabriqués, en quatre groupes principaux : gobeleteries et flacons, cristalleries, verreries à bouteilles et verreries à vitres. Sauf exceptions négligeables, il n'y a pas de travail de nuit dans les gobeleteries. Une partie seulement des cristalleries travaillent jour et nuit. Dans les autres verreries (bouteilles et vitres), le travail de nuit paraît répondre à une nécessité technique et il est d'un usage général.

Dans les verreries à bouteilles et à vitres, le personnel du four de fabrication est divisé en trois postes

(1) Aux termes du traité international signé à Berne, en septembre 1906, par 14 Etats, le travail de nuit des femmes sera prochainement supprimé dans les usines à feu continu comme dans tous les autres établissements industriels.

faisant chacun, selon les localités, les uns huit heures, le autres neuf heures, dont sept heures et demie ou huit heures et demie de travail effectif et une demi-heure de repos. Le régime est différent pour les ouvriers des étenderies (fours à étendre le verre) dans les verreries à vitres. A Aniche, centre principal de cette spécialité, l'ouvrier étendeur fait douze heures de travail, puis il se repose pendant vingt-quatre heures.

Avis des syndicats ouvriers

La Fédération nationale des travailleurs du verre a tenu son XIIe Congrès à Reims en septembre 1907. Ce Congrès, continuant l'œuvre des précédents, a étudié diverses mesures propres à assurer une meilleure hygiène et une plus grande sécurité dans les usines et à atténuer l'énorme fatigue et l'usure rapide des ouvriers verriers. Dans ce but, il a réclamé l'arrêt complet des verreries chaque année pendant les deux mois de fortes chaleurs (juillet et août). En outre, il s'est prononcé, dans les termes suivants, pour la suppression absolue du travail de nuit, non seulement pour les enfants, mais pour tous les ouvriers : « Considérant que le travail de nuit est onéreux et nuisible pour la santé du verrier, le Congrès décide que les camarades organisés s'efforcent à ne pas laisser implanter les fours à bassins dans les régions où ils n'existent pas et se refusent au travail de nuit » (1).

Au cours d'un entretien que nous avons eu à

(1) Compte rendu des travaux du Congrès, p. 84.

Aniche, M. Hancart, trésorier de la Fédération, s'est prononcé nettement, au nom de la Fédération, contre le travail de nuit. Il affirme que, dans les verreries à vitres et à bouteilles, et bien que le four à bassin exige un feu continu, on peut arrêter la fabrication tous les jours pendant huit heures sur vingt-quatre et ainsi supprimer complètement le travail de nuit. Il n'y a pas impossibilité technique. Il en résultera une augmentation du prix du verre, mais il estime que la vie de l'ouvrier, si durement traitée en verrerie, vaut bien une augmentation.

Si M. Hancart demande, au nom de ses collègues, la suppression totale du travail de nuit, il va sans dire qu'il soutient plus vivement encore que l'on doit tout au moins protéger les enfants et interdire pour eux ce travail.

Dans les verreries à vitres, que M. Hancart connaît bien puisqu'il appartient à cette spécialité, la réforme lui paraît réalisable. Aux fours de fusion, on pourra assez aisément remplacer, sur le poste de nuit, les enfants par des adultes ou par des jeunes gens âgés de 18 ans au moins. Aux étenderies, ce remplacement sera un peu moins facile, parce que l'équipe d'un four à étendre comprend deux enfants et quelquefois trois sur quatre ouvriers. Un plus grand effort sera nécessaire de la part des patrons, mais la réforme reste possible et elle est tout à fait désirable.

Dans une lettre résumant son avis, M. Hancart ajoutait les considérations suivantes :

« Quant à dire que l'interdiction du travail de nuit pour les jeunes gens irait contre l'intérêt de ces jeunes gens, cela me paraît assez difficile à démontrer.

« Il en sera de même du travail de nuit que pour la

journée de huit heures. Lorsque les ouvriers jouiront d'un repos compensateur, l'effet utile sera autrement important qu'il n'est aujourd'hui. On pourrait déjà se rendre compte de l'énorme différence de productivité des ouvriers travaillant onze heures et ceux ne travaillant que sept heures et demie ; ces derniers arrivent à faire autant de bouteilles que leurs collègues en onze heures.

« Le moyen que je vous indique peut, à mon point de vue, être utilisé dans l'une ou dans l'autre branche indistinctement ».

Nous avons consulté M. Vinay, maire de Rive-de-Gier, directeur de l'Association ouvrière de production, la Verrerie des Vernes. On ne travaille pas la nuit dans cet établissement, puisqu'il s'agit d'une gobeleterie ; mais l'avis de M. Vinay, ouvrier verrier ayant travaillé dans les usines du Centre, n'en présente pas moins un réel intérêt.

Il y a deux ans, M. Vinay nous avait déclaré que la suppression du travail de nuit pour les enfants lui semblait une mesure très difficile à faire adopter. Aujourd'hui, ayant vu fonctionner des transporteurs mécaniques dans les verreries à bouteilles, sachant que plusieurs machines, et notamment la machine Bouchez, permettent de fabriquer la bouteille mécaniquement, M. Vinay croit que le travail de nuit peut être supprimé. Sur le poste de nuit, les enfants qui portent les bouteilles et même ceux qui cueillent le verre pourront, avec de la bonne volonté et une légère augmentation des frais, être remplacés par des ouvriers âgés de 18 ans. Mais il pense que la meilleure solution serait l'arrêt complet du travail pendant huit heures sur vingt-quatre. Il n'est pas techniquement impossible de suspendre le travail, même au four à bassin. Il suffit, vers la fin des seize heures de travail, de laisser baisser la matière en fusion de façon que l'on puisse, pendant les huit heures d'arrêt, charger le four d'une certaine quantité de matière nouvelle et éviter ainsi toute détérioration, soit à la matière, soit au four. C'est, d'ailleurs, ce qui se passe actuellement une fois par semaine. Depuis la loi sur le repos hebdomadaire, le travail est arrêté le dimanche pendant seize heures dans les verreries du Rhône et de la Loire.

La Verrerie ouvrière, sise à Albi, est une verrerie à bouteilles occupant plus de 400 ouvriers et possédant un transporteur mécanique. Ses administrateurs estiment que le travail de nuit des enfants peut être supprimé. Pour les porteurs il n'y a pas de difficultés, grâce au transporteur mécanique. Pour les cueilleurs de verre, la chose est beaucoup moins commode, mais on peut arriver, par divers moyens et en augmentant un peu les frais, à les dispenser du travail nocturne.

Avis et objections des patrons verriers (1)

En résumant ci-dessus les avis des représentants des ouvriers, nous avons pu parler en même temps

(1) Comme les industriels de la métallurgie, chaque maître verrier a revu et corrigé le texte qui le concerne.

des verreries à bouteilles et des verreries à vitres. Pour résumer, avec une clarté suffisante, les avis et les objections des patrons, nous devons parler séparément des deux spécialités, en commençant par les verreries à bouteilles.

Verreries à bouteilles

Le four à bassin, système Siemens, est adopté dans toutes les verreries à bouteilles. Chauffé au gazogène, ce puissant appareil exige nécessairement un feu continu. Il faut une température de 1,500 degrés environ (elle atteint jusqu'à 1,800) pour transformer les matières en verre liquide pouvant être employé à la fabrication. Les fours sont plus ou moins grands et comportent 6, 8, 10, 12, 14 ouvreaux par lesquels le verre est extrait du four au moyen de la canne de verrier.

En face de chaque ouvreau, à trois mètres du four, quatre au plus, se trouve la *place* ou équipe d'ouvriers comprenant un cueilleur de verre, un grand garçon et un souffleur.

Les cueilleurs sont, en majorité, des enfants de moins de 18 ans : ce sont les apprentis verriers. Les grands garçons ont généralement plus de 18 ans et tous les souffleurs sont des hommes.

Pour chaque place, le souffleur choisit lui-même, le plus souvent, le grand garçon et le cueilleur. L'équipe est très homogène : si l'un des trois ouvriers vient à manquer, il arrive que les deux autres préfèrent ne pas travailler plutôt que de s'adjoindre un nouvel élément. Cependant, il y a dans toute verrerie des hommes de relais qui, par conséquent, remplacent les absents.

Le travail est payé aux pièces, à raison de tant le cent de bouteilles. C'est le souffleur qui reçoit le gain total et fixe le salaire du grand garçon et du cueilleur.

Quand la verrerie ne possède pas de transporteur mécanique, il faut, en outre, pour chaque place, un porteur de bouteilles qui accomplit un travail de manœuvre ne demandant que peu de force. Prenant, au bout d'une canne, la bouteille que le souffleur vient d'achever, il la porte près de l'arche ou four à recuire et, au retour, il rapporte la canne. Le porteur est toujours un enfant.

D'après ces sommaires indications, on voit que chaque groupe de quatre ouvriers, quand il n'y a pas de transporteur mécanique, comprend toujours un enfant et le plus souvent deux. Il faut donc admettre, pour notre raisonnement, que près de la moitié du personnel de fabrication se compose d'enfants de moins de 18 ans.

Laissons maintenant la parole aux maîtres verriers.

La verrerie Chappuy, à Frais-Marais, près de Douai, occupe 300 ouvriers. M. Chappuy, vice-président de la Chambre de commerce de Douai, nous a tout d'abord déclaré que notre question, comme toutes celles qui concernent le personnel, méritait un examen bienveillant de la part des patrons.

M. Chappuy possède un transporteur mécanique qu'il a lui-même inventé et perfectionné. Les autres systèmes de transporteurs conduisent la bouteille en ligne droite ; le sien peut décrire sur son parcours toutes les lignes courbes nécessaires. Cette modification impose son emploi en certains cas, car la disposition des fours ne permet pas toujours l'installation d'un transporteur ne parcourant que des lignes droites. De plus, le transporteur à ligne circulaire pourra être utilisé dans les gobeleteries ; il suffira d'adapter un support approprié aux objets de dimensions et de formes différentes qui se fabriquent dans cette spécialité de l'industrie du verre.

En ce qui concerne la verrerie à bouteilles, la période des expériences est terminée et le problème est complètement résolu, déclare M. Chappuy. Le transporteur qui fonctionne chez lui depuis quatre ans lui donne entière satisfaction. D'autre part, il est si difficile de recruter des enfants dans la région que, sans cet appareil, il eût été contraint, faute de porteurs, d'arrêter la moitié de sa fabrication. Avant l'installation des transporteurs, il occupait 50 porteurs. Il n'en a plus que 15 à 18 occupés à cet emploi pour le même nombre de places. Contrairement à ce qu'on pourrait dire, le transporteur, quand il fonctionne bien, ne diminue pas la production. Il ne cause donc pas la moindre perte aux ouvriers. A la verrerie Chappuy, le personnel ne formule aucune plainte contre l'appareil.

Sans parler de ses avantages au regard de l'hygiène et de la sécurité, le transporteur réduit si heureusement le nombre des enfants occupés à porter les bouteilles qu'il est maintenant possible de supprimer le travail de nuit pour les porteurs. Les quelques enfants employés aux transporteurs pourront être remplacés, la nuit, par des manœuvres occupés le jour, par alternances, à des travaux de cour. Il y aura pour le patron une augmentation de dépenses que l'économie réalisée par l'emploi du transporteur lui permettra de supporter.

Pour les cueilleurs, c'est autre chose. Les enfants

commencent à monter sur la place et à cueillir le verre vers l'âge de 14 ans. Ils apprennent leur métier et font dès lors partie du personnel de fabrication. Chez M. Chappuy, 10 cueilleurs d'âges divers travaillent simultanément la nuit. 5 cueilleurs sont, en outre, présents pour remplacer les absents. Il ne voit pas comment il les remplacerait. Le moyen semblerait être de réserver les cueilleurs ayant plus de 18 ans pour le poste de nuit ; mais, pour procéder ainsi, il faudrait avoir un personnel plus nombreux et surtout trouver plus aisément des apprentis dans la région. Or, par suite du voisinage des mines, où les enfants sont presque tous occupés, le recrutement des enfanfs est de la plus grande difficulté, de sorte que l'apprenti verrier devient de plus en plus rare. De plus, les cueilleurs adultes, fort peu nombreux du reste, ne consentiraient pas à travailler continuellement la nuit.

Si l'interdiction du travail de nuit ne portait que jusqu'à l'âge de 16 ans, et non 18, la solution serait évidemment un peu facilitée, ajoute M. Chappuy, mais il en résulterait cependant une gêne telle et des difficultés si graves que les maîtres verriers ne sauraient pas les supporter.

En ce qui touche les cueilleurs, la solution ne lui semble possible que lorsque la fabrication de la bouteille pourra se faire à la machine, ce qui ne saurait beaucoup tarder.

La question est à l'étude, en ce moment, aux Etats-Unis, en Allemagne, en Angleterre, en Belgique, en France, dans tous les pays. On propose aux verriers français d'acheter des licences pour l'emploi du brevet de la machine Owens, qui supprime complètement la main-d'œuvre du verrier. En attendant, d'autres machines se propagent et il est fort probable que, dans quelques années, la bouteille sera faite mécaniquement.

A ce moment, le travail de nuit pourra être supprimé pour les cueilleurs, comme il peut l'être, dès maintenant, pour les porteurs, grâce au transporteur mécanique.

Verreries Paul Wagret et Cie, à Escaupont et Fresnes (Nord). — M. Wagret, maire d'Escaupont, l'un des principaux maîtres verriers du Nord, possède deux verreries à vitres et une verrerie à bouteilles occupant un personnel total de 1,100 ouvriers. Nous avons trouvé, chez ce grand industriel, dont les usines sont installées dans les meilleures conditions d'hygiène et de sécurité, non seulement les renseignements les plus complets, mais aussi un vif désir d'aller jusqu'aux limites du possible, eu égard aux exigences techniques, pour adoucir le travail si pénible des ouvriers verriers. M. Wagret, qui a déjà fait beaucoup en ce sens, estime que toute mesure favorable aux ouvriers, si elle entraîne une dépense pour la maison, sert cependant ses propres intérêts. « Je ne suis pas un philanthrope, dit-il, mais simplement un industriel faisant des affaires et cherchant à obtenir un revenu pour mes capitaux et ceux qui me sont confiés. »

L'une des verreries de la maison Wagret est dirigée par M. Andris, ancien conseiller prud'homme, ancien secrétaire du syndicat ouvrier, une personnalité du monde ouvrier de la verrerie qui, en présence de son patron, a mis sa grande expérience à notre service pour rechercher les moyens propres à supprimer le travail de nuit des enfants sans compromettre le fonctionnement des verreries.

La verrerie à bouteilles de la maison Wagret, située à Escaupont, comprend trois fours de fusion ; elle occupe 500 ouvriers, dont 85 garçons de 13 à 18 ans.

La verrerie est munie d'un transporteur mécanique inventé par M. Wagret lui-même (1) et qui fonctionne depuis quatre ans à l'entière satisfaction du patron et des ouvriers. La production est exactement la même qu'avant l'installation de l'appareil. Par suite du transporteur, le nombre des enfants occupés comme porteurs est descendu de 120 à 20. L'appareil remplace donc 5 enfants sur 6.

Au point de vue technique, aucune discussion n'est plus possible : le problème est résolu et le transporteur mécanique peut être installé dans toutes les verreries où la recuisson de la bouteille n'exige pas un traitement spécial. Il procure d'ailleurs un bénéfice réel à l'industriel en réduisant sensiblement le montant des salaires payés jusqu'ici aux enfants. Au surplus, malgré la routine, la main-d'œuvre infantile est si rare que bientôt tous les patrons devront acquérir l'appareil.

Actuellement, il faut 8 porteurs pour le poste de nuit. M. Wagret est tout disposé, dès la promulgation d'une loi applicable dans tous les Etats concurrents, à remplacer ces 8 enfants par 8 vieux ouvriers ou manœuvres.

(1) L'Association des industriels du Nord de la France a décerné une médaille de vermeil à M. Paul Wagret pour rendre hommage aux services rendus à son industrie par l'invention de ce transporteur.

Pour les cueilleurs, c'est plus difficile. Sur 83 cueilleurs occupés, la moitié environ ont plus de 18 ans. Il ne saurait être question de remplacer, la nuit, les cueilleurs par des manœuvres ou de vieux ouvriers. Le seul moyen consisterait à organiser des roulements entre les cueilleurs de façon que ceux d'entre eux qui n'ont pas 18 ans fussent toujours occupés sur les deux postes de jour. Il faudrait aussi que les cueilleurs de plus de 18 ans pussent passer du poste de nuit à l'un des postes de jour, car ils ne consentiraient pas à travailler constamment la nuit.

Sous cette forme et malgré son extrême complication, la réforme serait possible et M. Wagret, pour sa part, l'accepterait. Il redoute plutôt l'opposition des ouvriers, souffleurs et grands garçons, qui ne pourraient plus travailler avec les mêmes cueilleurs. Les équipes seraient, en effet, modifiées et pour chacune il faudrait deux cueilleurs : un enfant quand l'équipe serait sur l'un des postes de jour et un adulte quand elle ferait partie du poste de nuit.

La mesure proposée ne peut avoir aucun effet sur le recrutement si difficile du personnel. Quant à l'apprentissage, elle ne lui causerait aucun préjudice appréciable puisque les enfants de 13 à 18 ans pourraient faire partie de l'un des deux postes de jour.

En résumé, M. Wagret approuve le projet. Malgré les complications et les augmentations qui en résulteront, il estime que les industriels doivent, dans une profession aussi pénible, faire les plus grands efforts pour ménager la santé des enfants.

La Verrerie Aupècle, à Chalon-sur-Saône, possède

2 fours à bassin, de 8 ouvreaux chacun, et occupe 200 ouvriers dont 54 enfants (1).

Dans une verrerie fabriquant la bouteille ordinaire, il ne faut, pour chaque four de fusion, que deux ou trois arches à recuire. A la verrerie de M. Aupècle, où la bouteille est traitée à la façon champenoise, c'est-à-dire d'après un procédé de recuisson qui est propre aux bouteilles pour vins de Champagne (2), il faut une arche à recuire pour chaque ouvreau du four à bassin. Il y a donc 16 arches, les deux fours ayant 16 ouvreaux.

Ce procédé de fabrication a pour fâcheuse conséquence de ne point permettre l'emploi du transporteur mécanique, du moins tel qu'il est jusqu'ici construit.

En fait, le transporteur n'est employé, ni dans la verrerie de M. Aupècle, ni dans aucune verrerie à bouteilles champenoises. Jusqu'à ce qu'un ingénieux inventeur ait résolu le problème, les porteurs de bouteilles seront indispensables et, dans ces verreries, nous ne pouvons pas compter sur l'appareil mécanique pour permettre la suppression du travail de nuit des porteurs. Est-il possible de vaincre la difficulté ?

Dans le Nord, nous avons constaté que le recrutement des enfants était fort difficile. A la verrerie de

(1) Nous avons visité cette verrerie sur la proposition de M. Bastian, inspecteur du travail, qui nous a lui-même présenté à M. Aupècle. Il nous a, en outre, fourni de très utiles renseignements sur les verreries situées dans sa section.

(2) On fabrique environ 50 millions de bouteilles chaque année pour les vins de Champagne. Les verreries sont situées notamment dans les départements de la Marne et de la Haute-Marne, à Fourmies (Nord), etc.

Chalon-sur-Saône, il est partiellement impossible. Il lui faudrait 48 enfants comme porteurs et 48 comme cueilleurs. Or, le jour de notre visite, elle n'en avait que 24 comme porteurs et 30 comme cueilleurs. Ne pouvant remplacer les cueilleurs, elle remplace du moins par des manœuvres les enfants qui lui manquent comme porteurs. En effet, nous avons vu, sur un poste de jour, des hommes portant les bouteilles. Ce sont des manœuvres difficilement recrutés en Savoie et en Italie (1).

Non par suite d'une intervention de la loi, mais à cause de la rareté de la main-d'œuvre infantile, les verreries qui ne peuvent installer un transporteur mécanique sont donc obligées d'employer, actuellement, des hommes à porter les bouteilles. Dans ces conditions, on voit aisément une solution : il suffira d'organiser des roulements entre porteurs, de façon que le poste de nuit soit toujours occupé par des hommes adultes.

M. Aupècle en a convenu très volontiers. Il a, au contraire, soulevé diverses objections contre la suppression du travail de nuit des cueilleurs. On serait obligé de diviser les cueilleurs en deux groupes comprenant, l'un les enfants n'ayant pas 18 ans et l'autre les jeunes gens ayant dépassé cet âge, puis il faudrait établir, pour chaque groupe, des roulements très compliqués.

(1) Le directeur d'une association ouvrière de verriers, dont l'établissement est situé aux environs de Lyon, nous déclarait, en mars dernier, que pas une seule des gobeleteries et cristalleries du Rhône et de la Loire, en dehors des associations ouvrières, n'avait un personnel suffisant, même en ouvriers adultes. Dès qu'un ouvrier quitte une verrerie, plusieurs patrons lui offrent un emploi.

D'autre part, les souffleurs et grands garçons ont coutume de travailler avec les mêmes cueilleurs. Si ceux-ci ne peuvent être occupés la nuit, les premiers seront mécontents et la production en souffrira. Enfin, pendant les mois d'été, les ouvriers (les porteurs et les gamins, comme les grands garçons et les souffleurs) préfèrent travailler la nuit, de 1 heure à 9 heures du matin, par exemple : la fatigue est moindre pour une production plus forte.

M. Aupècle reconnaît, en principe, que l'apprentissage n'aurait pas trop à souffrir de la mesure ; ce qu'il redoute surtout, c'est le mécontentement qui se produirait certainement et qui écarterait encore les ouvriers de la profession.

Pour faire un tableau suffisamment complet de l'organisation du travail dans les verreries à bouteilles, notons celle de la verrerie de Blanzy (Saône-et-Loire) qui occupe 250 ouvriers, dont 81 enfants. Bien qu'il y ait un four à bassin, le travail ne comporte qu'un seul poste de dix heures sur vingt-quatre. La journée commence à 1 heure du matin et se termine à 11 heures du matin. Le système permet aux ouvriers de prendre leur sommeil dans la soirée, de 5 heures à minuit, par exemple, et, d'autre part, leur évite les fortes chaleurs de l'après-midi, pendant les mois d'été. Ce mode de travail est d'ailleurs tout à fait exceptionnel en verreries à bouteilles.

Nous tenons à déclarer, dès maintenant, que, dans nos conclusions, nous proposerons la suppression radicale du travail de nuit pour les enfants de moins de 18 ans qui, dans les verreries à bouteilles, sont employés comme porteurs ou attachés au service du transporteur mécanique. Cette solution nous paraît non seulement possible, mais relativement facile et peu onéreuse pour les industriels. Elle sera, nous l'espérons, approuvée et soutenue par toute personne désintéressée qui voudra bien prendre connaissance de notre enquête.

Quant aux cueilleurs, la nature de leur travail, leur qualité d'apprentis verriers rendent le problème plus complexe et nous croyons utile, avant de faire une proposition, d'étudier les verreries à vitres dans lesquelles les cueilleurs accomplissent à peu près la même fonction que dans les verreries à bouteilles.

Verreries à vitres

La fabrication de la vitre, spécialité de l'industrie verrière où le travail est le plus pénible, comprend deux groupes d'opérations ayant pour base, le premier, le four de fusion des matières et de fabrication du verre, et le second, le four à étendre le cylindre ou canon de verre et à le mettre en feuilles. Les deux groupes d'opérations ne forment pas un cycle continu ; on peut fabriquer, aujourd'hui, des canons de verre qui ne seront mis en feuilles que dans plusieurs jours et, en fait, le canon ne passe pas immédiatement au four à étendre.

Le four de fusion est un four à bassin semblable à celui des verreries à bouteilles. Comme dans celles-ci, la *place* comprend trois ouvriers : un cueilleur, un *gamin* et un souffleur. Ici, le gamin prépare le canon de verre alors que le grand garçon prépare la bouteille. Les cueilleurs sont, en majorité, âgés de moins de 18 ans ; les *gamins* ont généralement plus de 18 ans et sont souvent des hommes ; les souffleurs sont des adultes.

Le problème des porteurs n'existe pas dans les verreries à vitres ; en revanche, les fours à étendre, ou étenderies, occupent des enfants. La marche d'un four à étendre est ordinairement assurée par trois ouvriers : un pousseur de canons, un aiguilleur et un étendeur. Le pousseur de canons, ou celui qui introduit le canon dans le four, est un enfant ; l'aiguilleur, ou celui qui fait fonctionner les aiguilles pour déplacer successivement les feuilles de verre dans le four, a tantôt plus, tantôt moins de 18 ans, et l'on trouve parmi les aiguilleurs un certain nombre d'adultes ; enfin l'étendeur est toujours un adulte.

Aux fours de fusion, on travaille à trois postes de neuf heures chacun, dont huit heures et demie de travail effectif (1). Aux étenderies, au contraire, le travail est à deux postes de douze et dix heures. Toutefois, il y a, nous le verrons bientôt, des verreries où les trois postes sont en usage aux fours à étendre.

De l'aveu des industriels, on peut facilement empêcher que les aiguilleurs n'ayant pas 18 ans fassent partie du poste de nuit. Dès lors, dans les verreries à vitres, la question du travail de nuit porte sur les cueilleurs de verre et sur les pousseurs de canons.

Voyons maintenant les observations des industriels au sujet des enfants qui exécutent ces deux opérations :

---

(1) A Aniche, chaque poste faisant neuf heures, les roulements quotidiens portent sur vingt-sept heures et, par suite, la reprise du travail se fait avec une différence de trois heures d'un jour à l'autre pour les ouvriers du même poste.

La verrerie Caton, à Aniche (Nord), comprend une gobeleterie qui emploie 280 ouvriers et dont nous ne nous occuperons pas, puisqu'elle ne marche pas la nuit, et une verrerie à vitres avec 170 ouvriers.

M. Caton est d'avis que, s'il n'y avait pas une si grande pénurie de personnel, on pourrait, aux étenderies, remplacer les enfants, la nuit, par de vieux ouvriers ou des manœuvres, le travail de pousseurs de canons étant facile et peu pénible. Toutefois, cette mesure nuirait à l'apprentissage, parce que les pousseurs de canons, sans être de véritables apprentis, s'initient cependant au métier d'étendeur au cours du travail.

Quant aux cueilleurs, il ne voit pas du tout comment il pourrait les remplacer. Sur les 30 cueilleurs des trois postes, il lui faudrait trouver 10 jeunes gens pour remplacer les enfants sur le poste de nuit. Des jeunes gens de plus de 18 ans n'ayant pas encore travaillé dans une verrerie ne viendraient pas à cet âge dans la profession. Si on arrivait à trouver des hommes, il faudrait en tous cas leur donner un salaire plus élevé que celui des cueilleurs actuels. Il y a lieu de craindre, en outre, que cette interdiction du travail de nuit, pour les cueilleurs, ne tarisse les sources mêmes du recrutement des ouvriers verriers.

Si, malgré ces raisons, la mesure était adoptée en France, il faudrait qu'elle fût appliquée à l'étranger et spécialement dans les principaux pays de verreries à vitres. Si la mesure n'était point générale, elle pourrait causer la ruine des verreries à vitres qui ont déjà beaucoup de mal à soutenir la concurrence étrangère.

La maison Paul Wagret et Cie possède deux verreries à vitres, l'une à Escaupont et l'autre à Fresnes, occupant 600 ouvriers dont 88 enfants.

A l'inverse des autres verreries à vitres, il y a trois postes de travail aux étenderies comme aux fours de fusion. Le personnel employé à pousser les canons et à tirer les feuilles comprend : sur les deux postes de jour, des fillettes et des garçons, et, sur le poste de nuit, de vieux ouvriers et quelques jeunes garçons. Pour supprimer le travail de nuit de ces derniers, il faudrait 10 vieux ouvriers en plus. N'était la rareté de la main-d'œuvre, la mesure serait assez facile à prendre.

Les deux fours de fusion ont chacun 7 places, ce qui exige, dans l'organisation ordinaire du travail, 7 souffleurs, 7 gamins et 7 cueilleurs. Il y avait donc, dans les deux verreries, 14 cueilleurs pour chaque poste, plus 2 comme relais, soit un total de 48 cueilleurs. Depuis quelque temps, ce nombre est réduit à 24, soit 12 pour chaque four et, pour le poste de nuit, 3 au lieu de 7. Cette réduction importante a été opérée après entente avec le personnel et avec le syndicat.

On doit se demander comment la maison Wagret peut assurer le service des fours depuis que le nombre des cueilleurs est réduit de moitié. Voici l'explication, qui ouvre des horizons nouveaux : pour 5 places sur 7, le canon de verre est fabriqué par deux ouvriers au lieu de trois : un souffleur et un gamin. Le cueilleur est supprimé et son travail est exécuté par le gamin. Le salaire étant divisé en deux parties au lieu de trois, le gain reste le même. Quant à la production, elle est un peu moindre, d'où, pour le patron, une certaine augmentation du prix de revient.

Si 3 cueilleurs ont été conservés, c'est surtout pour assurer l'apprentissage de nouveaux ouvriers. Il a été reconnu d'un commun accord que, pour un four de 7 places, 3 cueilleurs suffisaient à combler les vides se produisant parmi les gamins et les souffleurs.

Grâce à cette réduction volontaire du nombre des cueilleurs, M. Wagret ne voit pas d'impossibilité absolue à supprimer le travail de nuit des apprentis. Si la main-d'œuvre n'était pas si rare, la mesure serait relativement aisée. On peut supprimer tous les cueilleurs sur le poste de nuit, quitte à les reporter sur les postes de jour pour assurer l'apprentissage d'un même nombre d'ouvriers. On peut aussi s'organiser de façon à avoir quelques cueilleurs âgés de plus de 18 ans et, au moyen d'une légère augmentation de salaire, les placer une semaine sur deux sur le poste de nuit. Le système est compliqué, mais on peut le faire fonctionner, à la condition que les ouvriers y mettent de la bonne volonté et que le patron supporte les augmentations résultant de la diminution du rendement et de la hausse du tarif pour quelques ouvriers.

Pour sa part, M. Wagret est disposé à faire l'essai du système avec l'espoir qu'il trouvera des ouvriers pour le seconder dans ce nouvel effort en faveur des enfants de la verrerie.

La Compagnie des glaces et verres spéciaux du Nord, à Jeumont, possède une fabrique de glaces et une verrerie.

Bien que les fabriques de glace n'entrent pas dans

notre sujet, le travail de nuit des enfants n'y étant pas autorisé, nous devons parler de l'établissement de Jeumont, parce qu'il fabrique la glace mince mécaniquement.

Ayant acquis et installé la machine inventée par MM. Fourcault et Gobbe, ingénieurs belges, la Compagnie fabrique la glace à la machine depuis plusieurs mois. Les résultats ont été vérifiés avec soin. Ils sont satisfaisants au double point de vue de la qualité des produits et de leur prix de revient. Le directeur nous a déclaré que, pour la glace, le problème était résolu.

Les inventeurs affirment que la même machine peut également faire la vitre ordinaire. Le directeur de Jeumont ne saurait se prononcer sur ce point. Il n'est pas compétent. Il sait que, en Belgique, les inventeurs font la vitre à la machine. Il sait que cette machine supprime complètement le travail des enfants. Il ne connaît pas du tout les résultats techniques et financiers de l'exploitation.

En dehors de la fabrique de glaces, la Compagnie exploite une verrerie avec four à bassin pour la fabrication des verres striés et des verres de couleur. Cette verrerie, la seule qui existe en France pour cette spécialité, occupe 346 ouvriers dont 20 enfants. Le travail est organisé en trois postes, de huit heures chacun, et 5 enfants seulement font partie du poste de nuit.

On pourrait peut-être les remplacer par des hommes, nous dit le directeur, en modifiant les roulements du personnel et l'organisation de la verrerie. Ces roulements seraient d'ailleurs assez difficiles à établir. Il en résulterait une augmentation de frais pour la Compagnie, puisque 5 adultes remplaceraient 5 enfants sur le poste de nuit. La mesure ne paraît pas impossible, mais elle aura ce grave inconvénient de réduire d'un tiers le nombre des apprentis, alors que les apprentis verriers sont déjà trop peu nombreux.

***

Le directeur de la Compagnie de Jeumont veut bien admettre qu'il lui serait possible de supprimer le travail de nuit des enfants dans sa verrerie. Nous ne devons cependant pas tirer un argument décisif de son adhésion, d'ailleurs fort utile. Il ne s'agit que de 5 enfants et, d'autre part, les prix de vente des produits spéciaux de cet établissement ne supportent pas une concurrence très vive et doivent être beaucoup plus rémunérateurs que ceux du verre à vitre.

Mais les faits constatés aux verreries Wagret et l'adhésion de principe donnée par ce grand industriel à la réforme projetée nous autorisent à proposer la suppression du travail de nuit pour les enfants de la verrerie, y compris les cueilleurs. En ce qui concerne ces derniers, la mesure exigera, nous devons le reconnaître, un réel effort de la part des patrons et une grande bonne volonté du côté ouvrier ; pour leur en tenir compte et ménager la transition, le travail de nuit pourrait être supprimé en deux étapes.

Les papeteries

Les 377 papeteries occupent 35,000 ouvriers, dont 23,800 le jour et 11,300 alternativement le jour et la nuit. Ce dernier chiffre comprend 858 enfants, soit 7,5 % seulement. Les enfants sont si peu nombreux, surtout par rapport au total des ouvriers, que nous aurions pu proposer la suppression du travail de nuit sans examiner de près la question. Nous avons préféré recueillir auparavant les observations de l'industriel le plus autorisé (1).

Les fabriques de papier Darblay et Cie, à Essonnes (Seine-et-Oise), occupent 2,500 ouvriers environ, dont 200 enfants travaillant alternativement de jour et de nuit. C'est la plus grande papeterie de France. Le nombre total des enfants occupés la nuit dans les papeteries étant de 858, les papeteries Darblay entrent dans ce nombre pour près d'un quart.

Comme dans tous les établissements similaires, le travail est à deux postes de douze heures chacun. Par tolérance spéciale accordée à toutes les papeteries, les enfants font douze heures de présence, la nuit comme le jour ; mais cette longue période est coupée par un repos d'au moins deux heures, ce qui la ramène à la durée légale de dix heures sur vingt-quatre.

Le directeur de la papeterie a bien voulu nous présenter ses observations sur les conséquences de la mesure pour le grand établissement qu'il dirige, et, par extension, pour les papeteries. Son raisonnement était inspiré, nous tenons à le dire, par un

---

(1) Nous prions M. Zacon, inspecteur du travail, d'agréer nos remerciements pour l'obligeance avec laquelle il nous a ménagé une entrevue avec le directeur de la papeterie Darblay et aussi pour les renseignements précis qu'il nous a fournis sur la question du travail de nuit dans les usines à feu continu.

désir évident de trouver une solution pratique au problème posé.

La mesure ne lui paraît pas irréalisable et il a préféré, pour mieux faire connaître son opinion, raisonner comme si le principe de la loi interdisant le travail de nuit des enfants était voté. Dans ce cas, il lui paraît désirable qu'au lieu de supprimer brusquement le travail de nuit pour les jeunes gens de 18 ans, on procède par paliers, c'est-à-dire qu'on le supprime d'abord pour les jeunes gens de moins de 14 ou 15 ans, puis pour ceux de 16 et enfin pour ceux de 17, à deux ans d'intervalle, par exemple.

Au fur et à mesure de l'application, on trouverait peut-être des combinaisons permettant d'occuper tout le monde pendant la durée normale de la journée. Ce serait la meilleure solution. Il estime qu'il serait nuisible de laisser un assez grand nombre de jeunes gens désœuvrés et complètement livrés à eux-mêmes pendant une partie de la journée ; ce qui arriverait si on organisait des postes de huit heures, comme il le pensait d'abord, puisque les enfants ne pourraient plus travailler pendant les mêmes heures que leurs parents.

On ne conserverait sans doute que le nombre d'enfants indispensables pour la formation des apprentis, probablement une soixantaine. Il faudrait alors 120 adultes par poste ; ils seraient occupés pendant leur tour de nuit aux machines et, pendant leur tour de jour, on les utiliserait à des travaux divers, soit dans leur atelier, soit ailleurs.

Peut-être aussi la loi pourrait-elle, pendant un temps assez long, se contenter d'interdire le travail des enfants de moins de 16 ans. Quoi qu'on fasse, on peut supposer que le nouveau régime aurait pour conséquence de supprimer le travail d'un certain nombre d'enfants et de priver leurs parents d'un salaire quelquefois très utile à la famille. Il n'est pas certain, en effet, que ces enfants pourraient aisément trouver un emploi dans d'autres industries de la localité.

Comme il faudrait embaucher un nombre d'adultes égal, au minimum, à la moitié des enfants, la loi causerait inévitablement une certaine hausse sur le prix des papiers, hausse que la clientèle devrait finalement supporter.

D'après ce résumé (1) de notre entrevue, on voit que le directeur des papeteries Darblay veut bien reconnaître qu'il est possible de supprimer le travail de nuit des enfants dans les papeteries et que cette suppression ne nuirait pas à l'apprentissage, les apprentis ne représentant qu'une faible fraction du total des enfants. Il propose, toutefois, pour éviter tout renvoi d'enfants ou pour limiter les renvois le plus possible, que l'interdiction du travail de nuit ne porte que jusqu'à l'âge de 16 ans ou encore que cette interdiction ait lieu progressivement et par paliers.

Les raisons données à l'appui de sa proposition par le directeur des établissements Darblay ont une réelle valeur et nous reconnaissons qu'en principe la loi doit ménager les transitions pour éviter les perturbations dans l'organisation des usines et pour éviter surtout les renvois. Comptant sur la bonne

(1) Ce résumé a été revu et corrigé par le directeur des papeteries Darblay.

volonté des fabricants de papiers, sur les incessants progrès techniques qui se réalisent dans cette industrie, sur le long délai qui s'écoulera entre la signature d'une convention internationale et son application effective dans chaque pays, nous proposerons cependant la suppression pure et simple du travail de nuit pour les enfants des papeteries, parce que, outre les raisons précédentes, les enfants y sont très peu nombreux et que la réforme peut y être réalisée beaucoup plus facilement que dans les deux autres industries que nous avons étudiées.

RÉSUMÉ ET CONCLUSIONS

Tout en faisant le compte rendu de l'enquête, nous avons, pour chaque industrie, indiqué notre solution. Elle est très nette. Nous proposons la suppression du travail de nuit des enfants de moins de 18 ans dans toutes les usines à feu continu sans exception.

Cette solution peut paraître trop radicale. Elle l'est peut-être un peu pour une ou deux spécialités professionnelles. Cependant, d'après l'enquête impartiale que vous connaissez maintenant, nous ne croyons pas que l'on puisse soutenir, à bon droit, qu'elle est inapplicable, dangereuse ou même excessive.

Il serait superflu d'insister sur les inconvénients et les dangers du travail de nuit, surtout pour les enfants, au triple point de vue matériel, physique et moral. Les industriels intéressés le reconnaissent très volontiers et tout le monde est d'accord sur ce point. L'opinion est si unanime que, dans presque tous les pays industriels, la loi a depuis longtemps prononcé son interdiction. Elle ne l'autorise dans les usines à feu continu qu'à regret, à titre exceptionnel, et parce que le législateur a cru jusqu'ici qu'il était impossible de faire autrement.

Aujourd'hui, nous avons à nous demander si les progrès scientifiques et les perfectionnements de l'outillage ne permettent pas de revenir sur cette tolérance légale. Nous avons à nous demander si la conscience moderne, si le sentiment de solidarité ne l'exigent pas. Pour notre part, nous sommes convaincu que le travail de nuit des enfants peut être supprimé et, par suite, qu'il doit l'être au plus tôt. En prenant cette mesure, la société ne fera que s'acquitter de l'une de ses obligations envers la classe ouvrière.

Peut-on admettre indéfiniment que le travail de nuit soit interdit dans les industries ordinaires, y compris les moins dangereuses, les moins pénibles, et qu'il soit au contraire toléré, pour les enfants de 12 à 18 ans, dans les industries où le travail est exceptionnellement pénible et dangereux, c'est-à-dire dans les usines à feu continu, y compris les usines métallurgiques et les verreries ? Nous ne le pensons pas. La situation légale actuelle est étrange, contradictoire ; il faut la modifier, la rendre normale, conforme au bon sens, en abrogeant la dérogation relative au travail de nuit.

D'ailleurs, au moins en France, un mouvement spontané se dessine, dans les usines à feu continu elles-mêmes, contre le travail nocturne des enfants. La Commission supérieure du travail le constate dans son rapport sur l'année 1905 :

« Il semble parfois, dit-elle, qu'on puisse noter une tendance à la diminution du nombre de ces jeunes ouvriers et à leur remplacement par des adultes » (1).

Même observation l'année suivante :

« De divers côtés, il semble se manifester une tendance à l'élimination, dans le travail de nuit des usines à feu continu, des jeunes ouvriers » (2).

Le législateur ne fera donc, en abrogeant la déroga-

(1) Rapports sur l'application des lois réglementant le travail en 1905, p. LI.

(2) Rapports de 1906, p. XLIX.

tion, que suivre un courant qui s'est naturellement produit et qui s'accentue chaque année.

Mais les exigences de la concurrence sont telles, surtout dans la grande industrie, qu'un Etat ne saurait prendre isolément une telle mesure sans compromettre ses intérêts. Elle ne peut être prise que par un traité international. Or, il s'agit précisément de préparer les voies à un traité qui, sur ce point, complétera l'œuvre commencée à Berne en 1906.

« La réforme n'est pas impossible, a déclaré le directeur d'un établissement métallurgique très directement intéressé, du moment qu'elle doit être réalisée par une loi applicable dans tous les Etats industriels et que, par suite, elle ne faussera pas les conditions de la concurrence entre les usines des divers pays. »

La concurrence est donc hors du débat. Ce point est essentiel. Pourtant, il ne saurait, à lui seul, déterminer notre opinion et justifier nos propositions.

Nous devons d'abord essayer de nous rendre compte des répercussions que la mesure proposée peut avoir sur le prix des produits.

Vu notre incompétence et la complexité du sujet, nous ne pouvons, à cet égard, que nous en rapporter aux industriels. Ils affirment, et ils sont unanimes sur ce point, que la réforme entraînera une hausse du prix de revient. Nous n'avons qu'à nous incliner et à reconnaître que le consommateur devra payer les frais de la réforme.

Toutefois, il ne faudrait pas s'exagérer l'importance de cette augmentation. Elle affectera surtout la verrerie et la métallurgie et, dans chacune d'elles, une partie seulement des produits : la bouteille et la vitre dans un cas, les fers et aciers laminés dans l'autre.

D'autre part, il ne s'agit de modifier l'organisation du travail que pour 7 1/2 % du personnel des usines métallurgiques, soit, en chiffres absolus, 3,500 enfants sur 47,000 ouvriers. En verrerie, 5,800 enfants, soit 26 % du personnel, travaillent la nuit ; mais on sait qu'un quart d'entre eux au moins seront bientôt supprimés, non par la réforme projetée, mais par un appareil, le transporteur mécanique, qui, aux dires des patrons eux-mêmes, est une nouvelle source de profits puisqu'il fait baisser le prix de revient.

L'augmentation devant résulter de la suppression du travail de nuit des enfants ne saurait donc être, même en verrerie, très considérable. Et il est permis de penser qu'elle ne sera que momentanée, les progrès techniques, en métallurgie surtout, devant bientôt la faire disparaître.

Il faut, en outre, pouvoir supprimer le travail de nuit des enfants sans paralyser le fonctionnement des usines ni diminuer sensiblement leur production.

Au cours de l'enquête, M. Vinay, maire de Rive-de-Gier, a déclaré que le meilleur moyen de réaliser la réforme, dans les verreries, consisterait à généraliser et à interdire le travail de nuit pour tout le personnel. Tout en reconnaissant que, dans cette industrie, la réforme serait ainsi plus simple et plus facile à appliquer, nous ne croyons pas à l'efficacité d'une telle solution et, en tout cas, ce n'est point la question qui nous est soumise. Sans savoir si le législateur ne devra pas, un jour, prononcer l'interdiction du travail de nuit des hommes adultes, pour l'instant nous ne pouvons que nous demander s'il est possible de l'interdire pour les enfants. En conséquence, il faut que les usines puissent rester à feu continu tout en se passant, la nuit, du concours des enfants.

A cet égard, si l'enquête montre que la mesure proposée causera des complications, elle prouve aussi que les usines pourront fonctionner.

Dans la métallurgie, les équipes des petits trains de laminoirs devront être réorganisées et, pour ces appareils, on établira sans doute trois postes de travail de huit heures chacun. Cette modification est assez grave, c'est peut-être la plus grave de toutes celles qui peuvent résulter de la réforme ; mais, loin de paralyser le fonctionnement des laminoirs, elle accroîtra plutôt leur production.

L'industriel ne sera pas obligé d'établir la journée de huit heures dans toute l'usine. Il ne sera pas même obligé de l'établir dans l'atelier des laminoirs tout entier. Il suffira de l'appliquer aux petits trains qui emploient les enfants. Sur ces petits trains, un groupe d'adultes travaillera huit heures au lieu de dix, mais il assurera une semaine sur deux la marche du poste de nuit.

En verrerie, le régime des trois postes étant d'un usage général, la réforme peut s'appliquer sans innovation. Elle y soulèvera cependant de réelles difficultés, en ce qui concerne les cueilleurs. Ces apprentis ne pouvant pas toujours être remplacés, la nuit, par des jeunes gens ayant plus de 18 ans, l'équipe devra se passer, dans certains cas, de leur concours, ainsi que le fait se produit déjà. La production du poste de nuit sera diminuée d'autant. Il faudra, en outre, remplacer par des manœuvres ou de vieux ouvriers un certain nombre d'enfants occupés comme porteurs de bouteilles, quand le transporteur mécanique ne peut être utilisé, ou comme tireurs de feuilles et pousseurs de canons aux étenderies des verreries à vitres. Conséquence : une petite augmentation de salaire. Pour aplanir ces difficultés, l'effort financier des patrons et la bonne volonté des ouvriers seront indispensables ; mais l'intérêt personnel, à défaut de sentiments plus élevés, nous garantit ce double concours, et, par suite, les verreries pourront fonctionner la nuit, comme à l'heure actuelle.

Il ne suffit pas que la concurrence soit hors du débat, que la hausse à prévoir n'ait rien d'excessif, que les usines puissent, après comme avant, marcher à feu continu, il faut encore, il faut surtout que la réforme projetée n'empêche pas le recrutement du personnel, ne provoque pas des renvois d'enfants et ne nuise pas à l'apprentissage des jeunes ouvriers.

Le recrutement du jeune personnel n'est pas toujours facile en métallurgie et, en verrerie, il est presque impossible. Mais la mesure proposée, loin d'aggraver cette difficulté réelle, serait plutôt de nature à l'atténuer.

Si les familles ouvrières n'envoient plus leurs enfants dans les verreries, ce n'est pas seulement parce que, comme on le croit dans le Nord, les mines notamment emploient tous les enfants disponibles et s'efforcent à n'en laisser échapper aucun. Nous avons constaté la rareté de la main-d'œuvre infantile dans les verreries du Centre et du Midi comme dans celles du Nord. En vérité, les verreries se heurtent contre la volonté, chaque jour plus ferme, des familles qui ne veulent plus donner à leurs enfants un métier aussi exceptionnellement pénible. Et il y a lieu de croire que, quoi qu'on fasse, le nombre des ouvriers verriers ira en diminuant de plus en plus. Dès lors, la suppression du travail de nuit des enfants, en leur rendant le métier un peu moins dur, tendra plutôt à faciliter le recrutement du jeune personnel qu'à l'enrayer. En tout cas, personne, parmi les patrons, ne pourrait avoir l'intention de renvoyer des enfants alors que leur nombre est déjà insuffisant.

L'apprentissage des verriers ne sera pas compromis par la suppression du travail de nuit des enfants, mais il pourra être quelque peu gêné en certains cas. On a vu, cependant, au cours de l'enquête, que dans les verreries à vitres on peut sensiblement réduire le nombre des cueilleurs, c'est-à-dire des véritables apprentis, tout en assurant la formation de nouveaux ouvriers.

Pour la verrerie à bouteilles, l'apprentissage souffrira d'autant moins de la mesure que la machine est sur le point de remplacer une partie importante des ouvriers. Nous ne visons pas la machine Owens. Nous voulons parler des diverses machines, système Bouchez et autres, qui, pour fabriquer la bouteille, n'exigent pas la transformation des usines actuelles. Or, voici à cet égard un exemple topique. Une verrerie à bouteilles du Midi se propose, en ce moment, de construire un nouveau four et, en même temps, d'installer l'une de ces machines. Elle occupe environ 400 ouvriers ; pour assurer la marche du nouveau four en fabriquant les bouteilles d'après le procédé actuel, il lui faudrait embaucher 125 ouvriers environ. Or, elle ne fait la double opération que parce qu'elle peut la réaliser sans aucune augmentation de personnel. Ainsi, dans cette verrerie, 400 ouvriers vont assurer, avec la machine, la même production que 525 ouvriers ne l'employant pas. C'est une réduction nette d'un quart. Dans ces conditions, si la réforme avait pour conséquence de réduire le nombre des ouvriers, on ne pourrait que s'en féliciter, puisque la machine est sur le point de supprimer un si grand nombre d'emplois.

Dans la métallurgie, où l'on éprouve aussi une certaine difficulté à trouver des enfants, aucun patron n'a dit, au cours de l'enquête, que la suppression du travail de nuit pour ces enfants l'obligerait à les renvoyer. Pour les trains de laminoirs, la réforme modifiera l'organisation du travail et entraînera la formation, soit de trois postes de huit heures, soit de deux postes de huit heures avec sept ou huit heures de suspension de travail. Dans les deux hypothèses, le nombre des enfants reste le même et, par conséquent, l'apprentissage et le recrutement des ouvriers sont l'un et l'autre assurés.

Dans la papeterie seulement, on a exprimé la crainte que des renvois pourraient se produire, tout en reconnaissant que, même dans cette hypothèse, l'apprentissage n'en souffrirait pas.

Pour ne placer aucun industriel dans cette pénible obligation, tout en lui permettant d'accomplir la réforme, il faudra sans doute réduire la durée actuelle de la nuit légale et la ramener, par exemple, à sept heures placées entre 9 heures du soir et 4 heures du matin.

Cette restriction faciliterait l'application de la mesure projetée, spécialement en métallurgie. Elle permettrait aux industriels d'organiser le travail des enfants sur dix-sept heures par jour, soit deux postes de huit heures coupées par une demi-heure de repos. En nombre de cas, l'industriel estimerait lui-même que le travail peut être interrompu pendant les sept heures restantes. Il pourrait aussi, à son gré, organiser un poste de nuit pour adultes. Il ne resterait, il est vrai, que sept heures pour ce poste, mais il serait plus facile, dans ce cas, de faire alterner les adultes du poste de nuit avec d'autres adultes travaillant le jour. Au surplus, si ce régime avait trop d'inconvénients, l'industriel pourrait toujours revenir au travail ininterrompu de vingt-quatre heures réparties sur trois postes de huit heures chacun, dont sept heures et demie de travail effectif pour les ouvriers de chaque poste.

Au regard du recrutement du jeune personnel et surtout de l'apprentissage, la réforme implique la bonne volonté et de réels efforts de la part des industriels. Nous le reconnaissons pleinement. Cependant, l'enquête a prouvé que, même à cet égard, le travail de nuit des enfants peut être supprimé sans soulever des difficultés vraiment insurmontables.

De notre côté, nous devons tout faire pour rendre la mesure aussi souple que possible. Dans ce but, nous proposons d'abord que, pour toutes les usines à feu continu, la nuit légale soit réduite au minimum, soit sept heures ininterrompues placées entre 9 heures du soir et 4 heures du matin (1). Il faut faire cette concession, à notre avis, pour tenir compte des exigences de l'usine à feu continu, des efforts que nous demandons aux industriels et pour faciliter d'autant l'adoption du projet.

Nous proposons, en outre, d'établir un palier pour ménager la transition dans les deux spécialités professionnelles, les cueilleurs en verrerie et les lamineurs en métallurgie, où nous avons trouvé les difficultés les plus sérieuses. Pendant deux ans après

(1) La durée de la nuit légale a été fixée à onze heures par le paragraphe V de la résolution adoptée à Genève, en 1906. Un tel régime ne peut s'appliquer aux usines à feu continu.

la ratification du traité international par le législateur de chaque pays, le travail de nuit ne serait interdit que jusqu'à l'âge de 16 ans pour les cueilleurs de verre et pour les lamineurs. Au bout de cette période de deux ans, l'interdiction porterait jusqu'à l'âge de 18 ans.

Avec ces atténuations, nous croyons fermement que le moment est venu de faire rentrer les usines à feu continu dans la loi commune et de garantir aux 10,000 enfants qu'elles emploient en France, par la suppression du travail de nuit, le repos normal qu'exigent impérieusement leur développement physique et leur formation intellectuelle et morale.

RESOLUTIONS

Après avoir entendu les conclusions du présent rapport, le Comité de direction de la Section française de l'Association pour la protection légale des travailleurs a décidé, dans sa séance du 26 juin 1908, que ses représentants à la Commission internationale présenteraient et soutiendraient les résolutions suivantes :

I. — Il y a lieu d'interdire le travail de nuit des enfants de moins de 18 ans dans les usines à feu continu, y compris les papeteries, les usines métallurgiques et les verreries.

II. — La durée de la nuit légale, dans les usines à feu continu, doit être réduite à sept heures ininterrompues et comprises entre 9 heures du soir et 4 heures du matin.

III. — Par mesure transitoire, pendant une période de deux ans après la ratification du traité international par le Parlement de chaque Etat adhérent, le travail de nuit ne sera interdit que jusqu'à l'âge de 16 ans ;

1° Pour les cueilleurs de verre, dans les verreries à bouteilles et à vitres ;

2° Pour les lamineurs, dans les usines métallurgiques.

IV. — Pour assurer le contrôle dans les usines à feu continu, les industriels seront tenus d'adresser à l'inspecteur du travail un horaire du travail effectué par les équipes de jour et par les équipes de nuit.

TABLE DES MATIÈRES

ASSOCIATION INTERNATIONALE

POUR

LA PROTECTION LÉGALE DES TRAVAILLEURS

2, Rebgasse, Bâle (Suisse)

Liste des ouvrages publiés depuis sa constitution

Compte rendu de l'Assemblée constitutive tenue à Bâle les 27 et 28 septembre 1901. — 1 vol., 270 p., Paris, LE SOUDIER, éditeur.

Compte rendu de la 2e Assemblée générale du Comité de l'Association internationale tenue à Cologne les 26 et 27 septembre 1902. — 1 vol., 82 p., Paris, LE SOUDIER, éditeur.

Les industries insalubres. — 1 vol., 460 p., Paris, 1903, LE SOUDIER, éditeur.

Le travail de nuit des femmes dans l'industrie. — 1 vol., 384 p., Paris, 1903, LE SOUDIER, éditeur.

Bulletin de l'Office international du travail (tome I, année 1902; tome II, année 1903). — Paris, LE SOUDIER, éditeur.

(*Paraît à partir de 1904 chez* BERGER-LEVRAULT, *Nancy et Paris*)

Orléans. — Imp. AUGUSTE GOUT & Cie.

TROISIÈME SÉRIE (*Suite*)

VI. *La Protection légale des enfants occupés hors de l'industrie en France.* — III. *La Situation en France.* — Communications de MM. l'abbé MENY, [illegible], Mlle BLONDELU, MM. Georges PIOT, Raoul JAY, Léon VIGNOLS.

VII. *De l'extension de la loi du 29 décembre 1900 aux femmes employées dans l'industrie.* — Rapport de Mme DE LA RUELLE, inspectrice du travail.

VIII. *La grève et l'organisation ouvrière.* — Communication de M. A. MILLERAND, président de l'Association.

Chaque brochure : 0 fr. 60.

L'ensemble de ces brochures forme un volume de 3 fr. 50 sous le titre :

LA PROTECTION LÉGALE DES TRAVAILLEURS

Troisième série (1905-1906).

RAPPORTS PRÉSENTÉS A L'ASSEMBLÉE DE GENÈVE (1906) PAR LA SECTION FRANÇAISE

Le travail de nuit des adolescents dans l'industrie française. — Rapport de M. MARTIN-SAINT-LÉON. — Brochure, 0 fr. 60.

Les poisons industriels. — Rapport de M. Georges ALFASSA. — Brochure, 0 fr. 60.

L'assurance ouvrière et les ouvriers étrangers. — Rapport de M. Henri BARRAULT. — Brochure, 0 fr. 10.

La limitation légale de la journée de travail en France. — Rapport de M. Raoul JAY. — Brochure, 0 fr. 60.

Le travail à domicile en France. — Rapport de MM. Paul PIC et A. AMIEUX. — Br., 0 fr. 30.

QUATRIÈME SÉRIE

LE CONTRAT DE TRAVAIL (Examen du projet de loi du Gouvernement). — Rapports de M. PERREAU, professeur à la Faculté de Droit de Paris, et de M. FAGNOT, enquêteur au ministère du Travail. — 1 volume, 3 fr. 50.

CINQUIÈME SÉRIE

I. *La Conciliation dans les conflits collectifs et les travaux de la section du Nord de l'Association.* — Rapport de M. AFTALION. — Brochure, 0 fr. 60.

II. *La loi du 7 mars 1850 et le Mesurage du travail à la tâche.* — Rapport de M. Ad. BOISSARD. — Brochure, 0 fr. 60.

III. *Le Contrat de travail et le Code civil.* — Rapports de MM. PERREAU et GROUSSIER. — 1 volume, 3 fr. 50.

Ces publications sont servies aux membres de l'Association.

L'Association nationale française examine et discute dans ses réunions périodiques les questions de législation du travail à l'ordre du jour. Elle publie le compte rendu de ses discussions.

Sont membres de l'Association les personnes et les sociétés qui considèrent la législation protectrice des travailleurs comme nécessaire et adhèrent aux statuts de l'Association.

La cotisation annuelle est fixée à 10 francs. Elle est réduite à 3 francs pour les personnes ou les sociétés qui ne demandent pas à recevoir les publications de l'Office International.

Les adhésions sont reçues par le trésorier de l'Association : M. Léon DE SEILHAC, délégué permanent du Musée social, 5, rue Las-Cases.

Orléans. - Imp. Auguste Pigelet & Cie

www.ingramcontent.com/pod-product-compliance
Ingram Content Group UK Ltd.
Pitfield, Milton Keynes, MK11 3LW, UK
UKHW012105240726
13965UKWH00004B/1545